AF402849

FSC
www.fsc.org
MIXTO
Papel procedente de
fuentes responsables
Paper from
responsible sources
FSC® C105338

El Éxito de MLM En Twitter

La Máquina Secreta de la Genearción – Estrategia de Medios Sociales Probada Para Marketing Directo

Anne Schlosser

© Anne Schlosser, 2020 – 2nd Edition

Impreso y editado por Books on Demand GmbH
info@bod.com.es - www.bod.com.es
Impreso en Alemania – Printed in Germany

ISBN: 978-8-4132-6809-5

Información General

El uso de este libro y la implementación de la información aquí presentada se hace bajo la responsabilidad del lector. El autor y quien lo publica están exentos de cualquier tipo de responsabilidad en caso de que se presenten accidentes o daños de cualquier tipo que se presenten por consejos incluidos en este libro.

El trabajo, incluyendo todo este contenido ha sido preparado con el mayor cuidado. Sin embargo, los errores en la impresión o en la información no se pueden descartar por completo. El autor y quien publica esta obra no asumen responsabilidad por la manera en que la información sea impresa, o qué tan adecuada sea. No puede haber reclamos legales de ningún tipo por información incorrecta o por las consecuencias que resulten de esta información. Los operadores de los sitios web son exclusivamente responsables por el contenido de los libros que publican.

Inhaltsverzeichnis

INTRODUCCIÓN

Si usted está en un negocio de la comercialización de la red, usted sabe el valor de la comercialización de la atracción. También sabe que necesita aprovechar al máximo las diversas plataformas de medios sociales. Uno de ellos es Twitter. La gente ha encontrado que el uso de estrategias de marketing de Twitter paga correctamente dividendos. ¿Por qué incluir Twitter en la estrategia de marketing para su negocio de MLM? Para empezar, dice Ray, Twitter es un sitio muy popular.

Twitter, una herramienta para la comunicación de mensajes cortos, permite a los usuarios enviar tweets o mensajes (140 caracteres de longitud) a sus seguidores. Los tweets pueden consistir en un enlace a videos, fotografías, o cualquier contenido web (como documentos PDF, páginas web, blogs, etc.) Dado que las imágenes valen miles de palabras, puedes agregar imágenes a tus tweets. Al igual que la gente sigue su cuenta, también puede seguir de nuevo. Esto le ayuda a responder, leer o compartir sus tweets. Twitter es considerado como una herramienta única de microblogging en las redes sociales porque puede distribuir mensajes cortos y desconectados. Twitter se puede utilizar para satisfacer sus necesidades de marketing en línea. Se puede considerar como una herramienta eficiente para promover tu negocio.

Presenta Tu Marca y Producto

Tu experiencia de Twitter depende de tu perfil y tu cuenta en Twitter. Ellos le proporcionan la oportunidad perfecta para transmitir su historia de negocios. Su presencia en Twitter debe ser idéntica a las otras herramientas en línea. Ayudará a las personas a identificar su negocio. Las imágenes y el nombre de cuenta que elija para Twitter deben ser consistentes con su marca y su presencia en línea.

- ***Foto:*** Este es uno de los primeros elementos de tu perfil que los visitantes verán. Asegúrese de que es una imagen cálida y atractiva; uno que te muestra sonriendo. Como usted está tratando de decidir si desea utilizar una imagen en particular, pregúntese: "¿Haría negocios con esa persona?"
- ***Perfil:*** Recuerde que está tratando de atraer y retener a los visitantes. Ofrezca conocimientos sobre quién es usted como persona y minimice los lanzamientos de ventas. Menciona de dónde eres, tus aficiones e intereses, y hechos interesantes o peculiares sobre ti. Estos detalles ayudan a sus visitantes a conocerle mejor y conectarse con usted en un nivel más personal.

El perfil de la cuenta de Twitter se debe completar cuidadosamente. Las características que ofrece sobre el negocio pueden desempeñar un papel en la revelación de su historia de negocios. Debe considerar las siguientes tres características de la configuración de la cuenta más en serio:

- **Sitio web** - Una web que puede ser fácilmente compartida con su comunidad. Usted puede ofrecerles su blog o website, pero usted debe utilizar un aterrizaje Twitter adecuado. Por lo tanto, usted puede ofrecer una gran cantidad de información a los usuarios Twitterr que están disfrutando de su businese.

- ***Ubicación*** - Debería decirle a los usuarios cómo pueden hacerlo con usted. Las personas que visitan su ростове pueden ser de otro inicio, country o city. Por lo tanto, proporcionarles la información adecuada para que puedan localizarlo.

- ***Biografía*** - Sólo tiene 160 caracteres para transmitir a la gente sobre usted y los servicios o mercancías que proporciona. Puede resaltar los beneficios que ofrece.

SECRETOS DEL MARKETING DE TWITTER

Con el rápido desarrollo de la plataforma de marketing en línea, marketing de medios sociales ha ganado impulso como nunca antes. Diferentes plataformas de medios sociales se están utilizando con resultados óptimos. Facebook, por ejemplo, está siendo utilizado incluso por negocios novatos para conectarse al público objetivo con la ayuda de fotos, videos y mucho más. Sin embargo, el sitio de microblogging Twitter no es muy fácil de romper para las personas y las empresas. Aparte de publicar enlaces a los artículos de la marca y artículos, hay mucho más que usted puede hacer a través de Twitter. Aquí está una guía completa de 3 estrategias profesionales de marketing de Twitter que ayudarían a su marca alcanzar un mayor público objetivo y crear el máximo compromiso con el cliente.

Investigación y alcance: este primer paso necesita un poco de preparación antes de llegar a sus influenciadores. Comience con algunas investigaciones y estrategias sobre figuras públicas de marcas en Twitter que atraen a público objetivo similar a su negocio. Por ejemplo, si usted está en la industria de la aptitud, conecte con los gurús de la salud, las compañías de la gerencia de la salud, las tiendas del suplemento y los entusiastas de la aptitud que propagan las mismas agendas. Una vez que tenga un grupo respetable de seguir en Twitter, cree publicaciones o artículos relevantes a través de los cuales pueda conectarse o mencionar a estos influyentes en su contenido. Abrir una entrada en un blog de bloggers y animar discusiones es una gran manera de llevar a los influyentes a su plataforma de Twitter y atraer clientes potenciales. una vez que su Tweet llega al público objetivo, puede etiquetar a estos influenciadores en su publicación, dejándolos así saber la importancia que tienen en la publicación. Estos influenciadores pueden re-tweetear así cómo compartir su publicación, que más adelante llegará a una base de audiencia más grande.

Hashtag Art: Casi todo el mundo sabía que Twitter se trata de hashtags. Usted puede utilizar estos hashtags para aumentar su alcance de Tweet y así atraer a una audiencia más grande. Una forma de agregar un hashtag es la de naturaleza tópica. Si se trata de un post de blog de fitness, hashtag con la palabra fitness. De esta manera, los usuarios de Twitter que buscan mensajes sobre fitness encontrarán su tweet con mucha facilidad. Tendencias hashtags es otra forma importante de hacer ver sus tweets. Publicar tweets, ya se trate de entretenimiento, noticias o temas relacionados con el día específicos relacionados con las tendencias, es una excelente manera de expandir su viaje de tweet y ser notado por la audiencia más grande. Puede unirse a una conversación de tendencias y mostrar la relevancia de su marca en el tema. La creación de un hashtag original es una excelente manera de comenzar una nueva campaña o mostrar su alcance actual. Anime a sus seguidores a usar los hashtags de su empresa para que sus seguidores puedan ver el nombre de su empresa y el contenido relevante, creando así entusiasmo a medida que avancen. Si asistir a una conferencia o un evento está en tu lista, no te olvides de tweet con el hashtag del evento. De esta manera, la audiencia que busca el evento o el programa verá su tweet, así como su contenido.

Perspectivas de la audiencia: Twitter ha comenzado con ofrecer al negocio una herramienta interesante de conocimientos que les muestra la demografía de sus públicos y el compromiso que han creado sus publicaciones. Aproveche las ideas de la audiencia para enfocar sus publicaciones y artículos basados en intereses, estilo de vida, datos demográficos, comportamiento de compra, comportamiento de uso móvil y comportamiento de visualización de TV. Estos 3 secretos de Twitter, cuando se aplica a su cuenta de Twitter de negocios, proporcionará los máximos beneficios y crear un compromiso de marca como nunca antes.

CÓMO USAR TWITTER PARA CRECER SU NEGOCIO DE VENTAS DIRECTAS

Si eres nuevo en Twitter, puede preguntarse quién en el mundo, además de celebridades y adolescentes, están incluso en el sitio de redes. Twitter está compuesto por personas que están tratando de promover y vender sus productos o servicios. También hay gente, como en Facebook, que prefiere usar Twitter para conectarse con familiares y amigos.

Muchos de los empresarios que están en Twitter por lo general son la comercialización de su negocio por regalar algo gratis, como un EBook, para conseguir clientes a su sitio. Twitter es una excelente manera de comercializar su negocio de ventas directas, pero hay que tener cuidado en la forma en que se acercan a sus técnicas.

La razón es simple: la gente está acostumbrada a ser spam en Twitter, por lo que sólo te verán como otro spammer. Usted necesita construir relaciones con las personas antes de abordarlas con su negocio. La gente en Twitter necesita saber que pueden confiar en usted y que usted no es un spammer. Hay algunas cosas que usted tendrá que recordar al aprender a usar Twitter para comercializar su negocio de ventas directas. Una vez que tenga una lista establecida de seguidores, desea involucrarlos en su negocio. Usted puede hacer esto preguntando cuál es su opinión es de sus productos o servicios. Cuando tweeting, no tienen todos los tweets suenan como un anuncio promocional. Tweet sobre algo divertido y divertido. Al mezclar las cosas, las personas son menos propensas a pensar que están allí sólo para fines de ventas. Si sigue estos consejos, tendrá una nueva herramienta de marketing en su bolsillo en ningún momento para su negocio de ventas directas. Tendrás un flujo continuo o nuevos seguidores a tu página de fans, y tendrás una relación continua con estos fans.

Éstos son algunos consejos rápidos para ayudarle a empezar cuando se trata de construir relaciones en Twitter.

Use hashtags para hacer una búsqueda de temas de los que la gente está hablando y unirse a la conversación.

1. Conecte su Facebook y Twitter, asegurándose de que sus mensajes de Facebook empujar a su cuenta de Twitter. No hagas viceversa o que sean demasiados mensajes en tu página de Facebook.
2. Busque a las personas que publican cosas en las que encuentre valor y las sigan.

3. Comenzar a mencionar y retweeting puestos de otras personas.
4. Unirse a Tweet Chats sobre temas relevantes que le interesan.
5. Empezar a hablar. Pregunte cómo son las personas.
6. Retweet cita chistes, tidbits de información.

Comenzar allí, y usted estará bien en su manera a un Twitter masivo que sigue. Cuando se puede comprender que Twitter se trata de construir relaciones y conectarse con la gente, tendrá una herramienta que explotará su negocio de ventas directas. Hay una enorme arena de gente esperando que te conectes con ellos. Muchos no saben acerca de su negocio, y la mayoría nunca han oído hablar de él. Una vez que empiezan a seguirle y construir una relación con ellos, entonces la magia sucede. Tienes la oportunidad de compartir tu pasión y lo que haces con personas que muchos nunca han oído hablar de tu negocio antes que tú.

HACER QUE TWITTER FUNCIONE PARA SU NEGOCIO DE VENTAS DIRECTAS

Por lo tanto, aquí hay algunos consejos sobre cómo empezar con Twitter, después de inscribirse en una cuenta de Twitter para su negocio de ventas directas, saber qué hacer a continuación, a fin de obtener algún valor. Permítanme ser muy claro, sin embargo. Si usted es nuevo en las redes sociales y desea utilizarlo para su negocio de venta directa, le sugiero a Facebook para los negocios. Muchas personas están experimentando mucho éxito conectándose con clientes, prospectos y azafatas.

Mientras que Facebook es como una fiesta informal de patio trasero, Twitter es más como una fiesta en un club de baile. No conoces a todo el mundo, pero todo el mundo disfruta conversando y haciendo nuevos amigos. En mi experiencia, la gente de Twitter es en su mayoría una multitud empresarial. Hay un montón de gente tratando de vender algo. Los que entienden el uso efectivo de Twitter están utilizando un enfoque de marketing de contenido. Eso significa que están compartiendo enlaces a un montón de contenido gratuito. Esta es una gran noticia para usted! La gente le está dando contenido para ayudarle a construir su negocio con la esperanza de que usted haga negocios con ellos algún día. ¡Inteligente!

Cuando te conectas conscientemente con la gente, encontrarás algunas buenas personas con las que conversar. Algunos de estos serán personas como usted ... vendedores directos que ejecutan negocios. También hay bloggers, autores, directores generales, oradores, etc. He tenido la oportunidad de conectarme con algunas personas de ventas inteligentes y directas que nunca hubiera tenido la oportunidad de conectar con ningún otro sitio.

¿Cómo puedo usar Twitter para mi negocio?

Twitter trabajará para su negocio? Y la respuesta es, depende. ¿Sus clientes están en Twitter? ¿Concuerda con Twitter su perfil de cliente? Si su objetivo es la construcción de equipos, entonces sí, puede encontrar personas que son buenos ajustes. Pero debe ser muy consciente del hecho de que las personas en Twitter están en alerta máxima cuando se trata de los vendedores de la red y la gente en el mercado de venta directa. Demasiadas personas han enviado spam a Twitter durante demasiado tiempo con sus mensajes de oportunidad de negocio, y por lo tanto la gente corre en la otra dirección cuando nos ven venir.

¡Pero no tengas miedo! Si se acerca a Twitter con cuidado, funcionará para usted! Concéntrese en conectarse con personas que buscan oportunidades. Usted puede decir por la búsqueda de palabras clave como "fuera de trabajo" o "trabajo". Al dedicar tiempo a construir relaciones con los individuos. La clave aquí es CONEXIÓN. Haz amigos, como lo harías en una fiesta. Usted puede encontrar personas que se convierten en nuevos reclutas para su negocio. Pero si usted piensa que puede publicar un anuncio sobre su oportunidad de negocio y la gente vendrá corriendo, piense de nuevo. Es TODO sobre las relaciones. No seas spam; se vuelve la gente.

Sigue a amigos de amigos, y ellos te seguirán. Ser SOCIAL y no agresivo, y se verá en su perfil, que le dirá cómo estás en el negocio de venta directa! Utilice la regla de 80% zo% aquí. El 80% debe ser consejos sociales y útiles, mientras que el% restante puede ser personal y de ventas.

Twitter para el desarrollo profesional

Otro objetivo que Twitter puede ayudarle con es el desarrollo profesional. ¿Recuerdas todo el contenido compartido que está pasando de lo que te dije? Bueno, hay un montón de gente por ahí compartiendo contenido directamente relacionados con la ejecución de una venta directa y las empresas de marketing de red. Mira cómo Karen Clark https://twitter.com/MyBizPresence lo hace! Observe cuánto contenido pone y qué tan poca oportunidad de ventas menciona. Comprométete a dar valor a la gente, y volverá a ti.

Si sigues a estas personas en Twitter, encontrarás siempre buena información sobre cómo ejecutar un negocio de venta directa con éxito. También debe estar siguiendo a su empresa, ejecutivos de negocios y líderes dentro de su organización

Tomar ventaja de los #consejosdeventasdirectas y #mlmtips hashtag

¿Alguna vez has oído hablar de la ejecución de un negocio de venta directa con un

"Hashtag?" Este es un pequeño código que se utiliza en Twitter para identificar mensajes sobre un tema en particular y todo lo que necesita hacer es buscar el hashtag para encontrar personas hablando sobre el tema. Los Hashtags siempre comienzan con el símbolo #. En este caso, el hashtag es #directsalestips o #mlmtips. Si escribe #dircetsalestips en http://search.twitter.com, verá una gran cantidad de consejos sobre cómo ejecutar un negocio de ventas directas. La próxima vez que publique para usar estos hashtags en su publicación para obtener más atención. Ahora tenga en cuenta, algunas personas abusan de este hashtag para conseguir que la gente busque estos consejos para ver su anuncio o oportunidad.

Twitter puede ser una gran herramienta para conectarse con la gente. Hay un montón de gente hablando a la vez, tener conversaciones, compartir recursos y redes. Mediante el uso de buenas habilidades de redes y centrarse en la construcción de relaciones, puede obtener algunos grandes beneficios de usar Twitter. Pero debe utilizarse estratégicamente, como parte de un plan general, para obtener los mejores resultados.

TACTICAS PARA AMPLIAR TU ESTRATEGIA DE MARKETING DE RED DE TWITTER

Determina tus metas de Twitter:

1. Interactuar con los clientes.
2. Distribuya el contenido para apoyar la generación y las ventas del plomo.
3. Participar con influenciadores.

Utilice sus objetivos de Twitter para guiar a la audiencia que cree, el contenido que comparte y sus interacciones. Esto incluye a las personas que representan a su organización en Twitter.

Mejore su presencia en Twitter con una fuerte biografía.

Asegúrese de que su bio de Twitter representa su negocio apropiadamente para atraer a sus seguidores objetivo.

Estas son las cuatro preguntas para mejorar tu perfil:

1. ¿Su fotografía continúa con su marca y posiciona su negocio?
2. ¿Está utilizando sus 160 caracteres apropiadamente?
3. ¿Hay un enlace a su sitio web o blog?
4. ¿Hay algún hashtags apropiado que debe incluir?

Conoce a quien quieres encontrar y quién quieres seguirte en Twitter. Como mínimo, esto incluye a sus empleados, clientes e influenciadores. Crear un personaje de Twitter social de Twitter orientado para ayudarle a solidificar le entiende de sus audiencias de destino.

Selecciona estratégicamente las personas que quieres seguir.

Para utilizar Twitter como un canal de marketing, elija a las personas que siguen con cuidado para lograr sus metas de Twitter. Crear listas de Twitter. Estos son los usuarios de Twitter que desea seguir. Mientras que las listas de Twitter pueden ser tan grandes como desee, mantenga el número de personas manejable, por lo que no está abrumado con el flujo. No es necesario crear listas desde cero. Utilice las listas de otras personas como un acceso directo. (Nota: Las listas pueden ser públicas o privadas.)

Construye tu audiencia de Twitter.

Conseguir que la gente le siga en Twitter no sólo sucede así nomás. Como cualquier otro esfuerzo importante, se necesita el planeamiento y el trabajo. No es una sola cosa y es digna.

Integre su estrategia de contenido de Twitter en su calendario editorial. Proporcionar información útil para sus seguidores, no la promoción. Curate el contenido de otras personas y el tuyo en Twitter. Mostrar personalidad a través de su voz y temas.

Los tweets son notorios por su corta vida. Por lo tanto, donde sea posible, maximiza tu alcance.

34

Aproveche la mayor parte de Twitter para ampliar sus comunicaciones.

Twitter no es un conjunto y va plataforma de medios sociales. Produce los mejores resultados cuando participa activamente.

Reservar tiempo dos veces al día para registrarse en Twitter para ver qué está pasando. Puede ser tan corto como dos visitas de 15 minutos cada una. Establecer un temporizador si tienden a ser absorbido en las redes sociales durante horas. Esto le permite participar con personas directamente y en tiempo real. Esto tiene el beneficio añadido de mostrar que eres una persona real, no un bot. Participa regularmente en TwitterChats. Los chats proporcionan una excelente oportunidad para mezclarse. Esto es particularmente útil para chats donde hay oradores invitados. Esto le da la oportunidad de interactuar con influenciadores. Compartir información para eventos en vivo. Aproveche el poder de los hashtags y eventos en vivo para ampliar su compromiso y alcance.

Limpia después de tu escena de Twitter.

Olvidar las cosas administrativas en Twitter es muy fácil.

- Supervisar las aplicaciones en las que ha iniciado sesión con Twitter. Si bien es fácil iniciar sesión en aplicaciones con Twitter, detenga el acceso si ya no las usa. Es una buena práctica por razones de seguridad.
- Modifique sus comunicaciones por correo electrónico desde Twitter. Si la sobrecarga de correo electrónico es un problema, aquí hay un área para comprobar. (Como alternativa, configure su cliente de correo electrónico para

enviar sus correos electrónicos de Twitter a un buzón especial.)

- Utilice esta estrategia de marketing en red de Twitter. Juntos, harán que su distribución de contenido y participación sean más eficaces.
- Como resultado, su estrategia de Twitter producirá beneficios mejor alineados con los objetivos de su negocio, a saber, interacciones mejoradas con los clientes, generación y venta de leads y relaciones de influencia.